AF411028

CAPITAINE E. LENFANT

DE L'ARTILLERIE COLONIALE

LES
TROUPES ANGLAISES
DU WEST AFRIK

WEST AFRIKAN FRONTIERE FORCE

(Extrait de la *Revue des Troupes coloniales*.)

PARIS
HENRI CHARLES-LAVAUZELLE

Éditeur

10, Rue Danton, Boulevard Saint-Germain, 118

(MÊME MAISON A LIMOGES)

LES

TROUPES ANGLAISES

DU WEST AFRIK

Les troupes anglaises de l'Afrique occidentale sont englobées sous la dénomination générale de West African Frontiere Force, et selon les habitudes consacrées en Angleterre, selon les coutumes abréviatives du langage courant, cette force est désignée sous l'ensemble de ses initiales W. A. F. F.

Un officier désigné pour le Nigérias va servir dans les « ouaff », tout comme ses camarades servent au « Queen's horse guard » ou bien dans le « Lancashire Regiment ».

Les West Afrikan Frontiere Force sont des corps combattants d'organisation récente. Leur noyau d'évolution est le bataillon de Sierra Leone qui fut, en principe, formé de jamaïcais encadrés par des officiers et des sergents du régiment d'infanterie des Indes occidentales.

L'effectif s'accrut avec l'importance et l'étendue des régions occupées; plus tard, la Company Royale et à Charte du Niger dut, pour maintenir l'ordre à proximité de ses comptoirs, créer et recruter des « natives » sur place, et créa, prenant en cela copie sur nos troupes de l'Afrique occidentale, des compagnies de tirailleurs aoussas, qui ne l'étaient, en réalité, que de nom et qui ne comprenaient dans leurs rangs qu'une majorité de Noupès, de Yorubas, et de Sobos.

Lorsque le gouvernement britannique racheta les territoires acquis par la Niger Company, les troupes de cette société furent transformées en unités nouvelles, et les officiers qui les commandaient, officiers auxquels la Compagnie dévoluait le grade et la solde, furent inscrits en même temps sur les contrôles de l'armée anglaise. Survint ensuite la guerre des Ashantis; l'effectif des West Afrikan Frontière Force allait donc augmentant encore, et, plus tard, son importance fut accrue par l'occupation complète de Gold-Coast et des territoires avoisinant le Niger et la Benoué.

Bien que ces troupes n'aient encore reçu aucune formation définitive à cause des oscillations que subissent leurs effectifs sur la côte d'Afrique, oscillations dues aux guerres locales ou bien aux coups qu'il faut porter contre les indigènes rebelles des colonies voisines, elles ont été réparties néanmoins en cinq groupements (nous pourrions dire en cinq bataillons) dont les centres ont été choisis de la façon suivante :

1er bataillon à Zouguérou, nouvelle capitale de la Nigéria septentrionale.

2e bataillon à Lokodja, au confluent du Niger et de la Benoué.

3e bataillon à Old-Calabar, capitale de la Nigéria méridionale.

4e bataillon à Lagos, capitale du Yoruba.

5e bataillon à Freetown, capitale du Sierra Leone.

Chaque bataillon comprend environ 950 hommes, les plus denses sont ceux des Nigérias, qui comptent de 1.100 à 1.200 tirailleurs; l'effectif total des cinq groupements est de 5.000 à 6.000 hommes. Cette force est destinée aux opérations militaires, à l'occupation et à la police des territoires de West Afrik, et ces étendues de terrain, trop vastes pour un effectif aussi restreint, nécessitent une dissémination, une répartition en contingents très faibles qui ne permettent pas au gantelet d'acier de s'appesantir d'une manière très efficace sur les populations. C'est ainsi que l'hinterland des rivières est à peu près inoccupé et que, par suite, les noirs se montrent réfractaires à la levée d'impôts.

Les bataillons sont divisés en compagnies, quatre, cinq ou six, suivant les besoins. Ainsi. le 1er bataillon en comporte sept, réparties dans les postes suivants :

Jebba, deux compagnies, 250 hommes; Yelloua, une compagnie, 100 hommes; Yashikéra, une compagnie, 80 à 100 hommes; Ilorin, une compagnie. 80 hommes; Kantagora, une compagnie, 100 hommes; Ilo, une compagnie. 120 hommes.

Le 2e bataillon (de Lokodja) dispose de cinq compagnies; le 3e bataillon de quatre compagnies : une à Ibadan, une à Ogbomesho, une à Abeokouta, une à Lagos, et cette dernière, qui comprend 60 à 80 hommes, n'est qu'une unité squelette. La compagnie est commandée par un capitaine assisté de deux lieutenants et de deux sergents blancs, chefs de section.

A chaque bataillon sont adjoints : une section d'artillerie de montagne comprenant deux canons Nordenfeldt en acier, un ou deux obusiers en bronze, toutes ces pièces sont portées à dos de coolies. De plus, dans chaque centre un officier du génie (engeener officer) assure le service des baraquements et des ouvrages de campagne, s'il y a lieu. Enfin, la compagnie possède deux mitrailleuses Maxim, auxquelles sont affectées des équipes spéciales.

Les Anglais n'ont aucune route à l'intérieur du Nigérias, et. par conséquent, ni compagnies de conducteurs, ni voitures. Tout le matériel et les bagages de leurs colonnes sont transportés à tête d'homme, ce qui nécessite des recrutements pénibles en porteurs ou en animaux de bât et cause souvent de la lenteur dans les marches, les déserteurs abandonnant parfois leurs charges dans la brousse. Jusqu'ici, les opérations militaires entreprises dans les Nigérias se sont déroulées à proximité des voies de communications naturelles; les troupes amenées à bord de vapeurs plats à roues-arrière, et de faible tirant d'eau, étaient débarquées à proximité des objectifs choisis, puis il ne restait plus que des distances de 80 à 120 kilomètres à franchir pour se rendre sur le lieu de l'action. Les colonnes des W. A. F. F. ont occupé Bida, Zaria, Koutagora, Ilornin, etc., les postes ont été poussés vers la frontière du Dahomey à l'ouest, ou bien sur Chengakouey, vers le nord, à 50 kilomètres d'Ilo, mais rien ne peut donner idée de ce que doit être leur marche vers Sokoto, car elles n'ont jamais effectué de raids de 1.000 à 1.200 kilomètres, comme ceux que nos troupes, lancées de Kayes, effectuaient vers le Niger et vers le Sud-Est, à la poursuite de Samory.

Pour le moment, ce qui se détache nettement de ce qui précède, c'est la tendance, ou peut-être la **décision** qu'ont prise les autorités britanniques à constituer leurs troupes de West Afrik en bataillons-corps, capables de manœuvrer et de combattre par leurs propres ressources.

Etant donné que ces notes ne sont, en réalité, que le résultat de nos observations et que les renseignements provenant de tierces personnes nous ont fait totalement défaut, nous ne pouvons ajouter que deux choses :

Service médical. — Le service médical est assuré dans chaque compagnie par un infirmier européen civil qui part avec les troupes et reçoit l'assimilation du grade de sergent le jour du départ en colonne. Si l'unité combattante dépasse une compagnie, elle peut, par décision du haut-commissaire, sur la demande du commandant supérieur des troupes, être accompagnée d'un médecin civil affecté au service de santé de la colonie. Comme l'infirmier, ce dernier reçoit une assimilation, mais elle atteint au grade de lieutenant ou de capitaine, suivant son emploi dans le corps médical.

Service administratif. — Il n'existe pas aux Nigérias d'organe semblable à notre commissariat colonial, les troupes s'administrent avec le concours des bureaux spéciaux du haut-commissaire. Ainsi, les magasins du gouvernement sont placés sous la direction d'un fonctionnaire du secrétariat, qui dispose de magasiniers chargés des divers services et de la comptabilité-matière des approvisionnements. Lorsqu'un bataillon se met en route, les magasins lui délivrent tout ce qui peut être nécessaire, mais le service du ravitaillement échoit le jour même et pendant les préparatifs du départ à l'un des lieutenants affectés en permanence à l'état-major du bataillon.

Cet officier reçoit des indemnités considérables, mais il devient responsable même judiciairement vis-à-vis du gouverneur, qui soumet au Colonial Office les pièces comptables, et celles-ci reçoivent généralement une vérification dans le courant du trimestre puis retournent à l'intéressé, accompagnées soit d'un blâme avec ordre de remboursement si elles sont entachées d'erreurs, soit d'un visa en bonne et due forme si elles sont exactes.

Voici donc l'organisation des West Afrikan Frontiere Force. En guerre, ce sont des bataillons-corps toujours munis de plusieurs mitrailleuses, accompagnés souvent d'un ou deux canons de montagne, quelquefois d'obusiers: ils emportent leurs munitions et leurs bagages à tête d'homme et n'ont aucun service médical, aucun service administratif bien défini, ne possèdent ni matériel roulant, ni matériel flottant. Toute l'organisation de détail est créée au moment des périodes d'opérations militaires en prenant comme base de leurs ressources les magasins centraux de la colonie.

En station, le bataillon subsiste et consomme par l'intermédiaire des magasins du chef-lieu, centre de garnison, ses services administratif et médical se refondent avec les mêmes services civils de la colonie.

Ajoutons que chaque bataillon-corps possède une musique de fifres et de tambours, soit 24 musiciens, qui égaient les parades ou les réceptions.

Nous pourrions donner ici quelques détails d'ensemble sur l'organisation intérieure d'un bataillon pris comme type, mais nous allons les exposer tout au long en étudiant les différentes personnalités qui le composent, en donnant l'impression que nous ont produite : la colonie, les officiers, les cadres et les troupes.

La colonie. — Ce que nous appellerons la colonie de West-Afrik, comprend les territoires des Nigérias, le Yoruba et Gold-Coast. À la tête de chacun d'eux se trouve un gouverneur qui porte le titre de high-commissioner. Ces territoires jouissent en Angleterre d'une impopularité complète ; ce ne sont pas des pays productifs et tout préparés à l'exploitation comme les Indes, le Sud Afrik, les Antilles anglaises ou la Gambie, où l'on trouve au débarqué, la table, le gîte, le cercle et tout le « confortable » si cher aux Anglais. Lorsqu'un fils d'Albion est désigné pour les tropiques, il prend congé de sa famille au sein même de sa ville natale ou de son centre d'habitation ; l'on se sépare avec calme, avec la presque certitude de se revoir ; on se rend en Guinée ou bien aux Indes comme on voyage en Europe, la tradition est d'en être satisfait, ces pays sont connus. Mais il n'en est pas de même pour les Nigérias, qui jouissent en Angleterre d'une réputation fâcheuse, ce sont des pays inconnus en Grande-Bretagne, et, chose singulière, le peuple anglais qui possède au plus haut point, en Europe, le sentiment colonial, est complètement ignorant de ces terres africaines, que les fonctionnaires donnent comme inhabitables, ajoutant que leur climat est meurtrier, que le « confortable » y fait absolument défaut et que de nombreux Anglais y dorment de l'éternel sommeil. En un mot, aller aux Nigérias, c'est presque descendre dans la tombe, et la famille éplorée conduit le partant jusqu'au bateau ; ce sont donc des colonies qui ne sont pas « de tradition » ; d'ailleurs, un officier anglais qui vécut assez longtemps auprès de nous disait fort bien qu'en Angleterre « on n'est pas habitué dans de telles colonies ».

Je pense qu'il est inutile d'entrer dans la description détaillée des Nigérias et de leur climat. Pour être plus bref, j'en ferai la dissection rapide et les séparerai par zones. Le climat équatorial s'étend sur la Nigéria sud et tout le long du Niger jusqu'aux environs d'Aboutchy (6° lat. N.).

Le delta est une immense forêt de palmiers, une colonie à huile de palme. Dès que l'on a quitté la rivière, ou bouche Forcados, ou la rivière de Brass, pour entrer dans le Niger (ou Kouarra), la forêt vierge s'avance sur les rives et les rend impénétrables. Il pleut presque tous les jours, les marécages encerclent les factoreries bâties à grand'peine sur les seules terres émergeantes. Vers Lokodja, le pays change d'aspect, le plateau nigérien laisse émerger les roches de son infrastructure, la végétation se répartit en îlots de cultures, surtout aux abords du fleuve.

Dans le triangle compris entre le Sahara, la rive gauche du Niger et la rive droite de la Bénoué, les terres sont encore moins productives, le désert s'allonge et tend à gagner vers le Sud, le sol n'est que conglomérat ferrugineux, grillé au soleil avec un parc très clair de karités et d'arbres de brousse, mimosas, rôniers, etc.; on y retrouve le climat du Soudan, plus pénible et plus insupportable, à cause des flaques d'eau que le Kouarra, véritable torrent, dépose dans les crevasses parallèles à son lit.

Durée de séjour et relève. — Aussi le séjour aux Nigérias pour les officiers et les fonctionnaires n'est-il que de douze mois, le tour de départ et la désignation sont assurés de telle sorte qu'après 360 jours de service dans la colonie, l'officier voit arriver son successeur; pendant 5 ou 6 jours, il le met au courant des consignes et de 'a gestion du service et quitte la colonie pour jouir en Europe d'un congé de six mois, qui commence du jour de l'embarquement à Forcados et se termine à la date du retour dans les eaux du Niger.

Aucune autorité ne peut prolonger le séjour d'un Européen dans les Nigerias, mais, en ce qui concerne les rapatriements, c'est le médecin-chef de l'hôpital du chef-lieu qui décide, et son opinion prédomine sur toute considération.

En un mot, la relève s'opère d'une façon ponctuelle et régulière absolument remarquable.

Postes et campements. — Quant aux postes, ils sont de deux sortes : postes avoisinant les rivières ou postes de la brousse.

Dès qu'il est convenu d'installer un centre administratif ou militaire à proximité des routes fluviales, on trace un plan d'organisation, et, quelques mois après les bateaux viennent débarquer des cases démontables en bois construites sur des piliers en fer ou en béton analogues à celles des agents du câble à Haïphong.

La première préoccupation avant de rien entreprendre est de s'installer avec tout le « confortable » possible.

Les Anglais n'épuisent pas leurs forces et leurs ressources à bâtir des édifices avec les matériaux extraits du sol africain; d'ailleurs, comme ce fut le cas pour la Nigéria septentrionale, la capitale ou le centre peut changer; on cherche donc à s'abriter mais de manière à pouvoir déménager sans perdre tout ce qui est fait. Ainsi Jebba vient d'être désaffectée, la capitale est maintenant à Zouguerou, point situé à 20 ou 25 kilomètres de la rive droite de la Kadouna et à dix heures de vapeur du confluent de cette rivière avec le Niger.

Dès que le nouvel emplacement fut choisi, les plans du nouvel établissement furent confiés à l'officier du génie de la région (un sous-lieutenant d'infanterie que désignaient ses aptitudes spéciales, car les Anglais, aux Nigerias, semblent destiner leurs officiers plutôt selon leurs capacités que selon les armes dont ils proviennent, ainsi que nous le verrons plus loin). Six mois après, Zouguerou était relié à la Kadouna par un chemin de fer, on déboulonnait les cases de Jebba pour les transporter, et, un an plus tard, jour pour jour, la nouvelle capitale était très judicieusement installée.

Quant aux postes situés assez loin des rivières, ils se composent de cases à la mode indigène, mais aussi bien faites que possible. Voici pour les habitations.

En ce qui concerne le campement, une règle invariable attribue à tout Européen le mobilier strictement nécessaire.

Chaque officier trouve dans sa case le matériel suivant : lit très large en fer avec montants de moustiquaire, moustiquaire en tulle, sommier élastique en fil d'acier, matelas et couvertures, une commode, deux chaises, une table et l'indispensable tub qui est d'ailleurs un fort beau meuble des plus « confortables ». L'attirail est à peu près le même pour les sergents. Nous sommes donc loin des installations sommaires de nos troupes au Soudan. Quant aux troupes indigènes, elles sont logées dans des camps formés de cases rondes alignées en rangées correspondant à la section ou bien à la Compagnie.

Les officiers. — Les officiers des West African Frontiere Force sont recrutés tout aussi bien dans l'armée métropolitaine que parmi les volontaires en congé des cadres de l'armée des Indes ou des régiments détachés aux colonies pour une période déterminée. Comme on le sait, l'armée coloniale de la Grande-Bretagne est un fragment de l'armée métropolitaine, déterminé de la façon suivante :

Les effectifs d'outre-mer étant fixés, un tour de roulement est établi entre les régiments métropolitains, et ceux-ci sont détachés aux colonies pour une période de 19 ans. soit en totalité, soit en fractions (demi-régiments ou bataillons), en sorte que tous les 19 ans les régiments de service aux colonies retournent à la métropole pour y tenir garnison et sont remplacés par de nouvelles unités.

Les officiers peuvent servir aux colonies dans les corps auxquels ils appartiennent, soit pendant la période intégrale de leur service outre-mer (19 ans), soit pendant un certain laps de temps au bout duquel ils sont reversés en complément d'effectif dans les régiments d'Europe qu'ils choisissent.

Avancement. — Mais quelque soit le corps dans lequel ils servent, les officiers anglais n'obtiennent d'avancement qu'à l'ancienneté et dans leur régiment d'origine au fur et à mesure des vacances qui se produisent.

Cependant, considérée à ce seul point de vue, la situation militaire d'un gentleman ne laisserait pas d'être peu brillante et limitée si les voies d'accès aux situations élevées n'avaient été prévues. Un officier peut subir des examens, et, dès qu'il est nommé au grade de capitaine, obtenir le brevet du grade supérieur (major) pour servir à l'état-major de l'armée en qualité de chef de bataillon, c'est alors qu'il monte progressivement en grade tout en restant capitaine dans son régiment. Une fois promu chef de bataillon, ce qui peut lui procurer en temps de guerre, ou même en temps de paix, le commandement d'une unité tactique dont le titulaire est absent ou suspendu ; l'officier d'état-major peut obtenir le brevet de lieutenant-colonel ou de colonel, et servir à ce titre dans un état-major de corps d'armée ou de division ; il peut éventuellement recevoir la direction d'une colonne importante sans avoir pour cela aucune prétention ni aucun droit momentané au commandement d'un régiment.

C'est ainsi que lord Kitchener, général en chef des troupes en Afrique du Sud, n'était que lieutenant-colonel dans son régiment, et que le lieutenant-colonel Morland, commandant supérieur des troupes des Nigérias, ne possède que le grade de capitaine dans son corps.

Pour les troupes du West Afrik, une particularité se présente tout à fait avantageuse pour l'officier : c'est le grade local. Un lieutenant est désigné, par exemple, pour servir dans les Nigerias, il arrive à Jebba. L'autorité militaire le connaît, soit par ses bonnes notes ou ses états de service, soit par des recommandations particulières. De suite, il est désigné pour un poste plus ou moins important ou délicat et peut recevoir le titre et les fonctions de capitaine local; il a de plus, le droit d'en porter les insignes et d'en percevoir la solde et les indemnités. De même, un capitaine peut être désigné pour remplir les fonctions de major local de brigade, et j'ai connu un sous-lieutenant (1) qui fut nommé capitaine et chef de province tout à la fois, c'était

---

(1) M. Abadie, fils du gouverneur de Jersey, descendant d'une famille française.

d'ailleurs un administrateur de premier ordre. Enfin, exemple encore plus singulier, le colonel commandant les troupes de la Nigeria septentrionale, était capitaine dans son régiment. chef de bataillon dans l'armée, lieutenant-colonel, breveté d'état-major, colonel local à Jebba, et remplissait les fonctions de général de brigade. C'est beaucoup pour un seul homme, mais la personne dont nous parlons était, paraît-il, un officier des plus capables.

Il résulte de cette manière d'envisager la situation de l'officier que celui-ci reçoit des grades et des attributions. dont il est généralement très fier. et chose que les Anglais apprécient tout aussi bien et même mieux que les autres races, il en retire des avantages considérables au point de vue de la solde et des indemnités.

D'autre part, en agissant ainsi, le gouvernement britannique crée sur place des autorités militaires qu'il juge compétentes, il sépare à n'en pas douter le grade de la fonction, mais il est indubitable, favoritisme ou parti pris mis à part, qu'il y trouve également des garanties et des avantages réels en donnant aux uns les fonctions qu'ils peuvent remplir et aux autres une initiative qui ne peut qu'exciter leur zèle et mettre leurs capacités en valeur.

Les officiers anglais sont recrutés de deux façons différentes soit par les écoles militaires, qui préparent les cadets à la carrière des armes, soit par des examens que subissent les jeunes gens des universités à l'âge de dix-huit ans. et qui leur donnent le droit de subir de nouvelles épreuves conduisant à la « commission » d'officiers.

Nul ne peut être officier s'il n'en a reçu le brevet, s'il n'a été « *commissionned* ». Ce n'est que très exceptionnellement que l'on choisit des officiers parmi les sergents (ou no-commissionned), néanmoins, il y a, dans chaque régiment, un ou deux lieutenants sortant des rangs.

L'organisation de l'armée anglaise nous est suffisamment connue pour qu'il me soit permis de m'arrêter à ces données originelles qui vont nous permettre de parler de l'officier britannique et de le présenter comme gentleman et comme soldat.

L'officier anglais est presque toujours un homme solide, fortement musclé, auquel la pratique des sports les plus variés a donné une grande résistance physique. C'est, de plus, un gentleman aux manières correctes, à l'éducation soignée. Très froid, parlant peu, conscient de sa nationalité, dont il se pare, et que, d'ailleurs, il fait valoir à tout instant, ne dépensant pas sa verve en d'inutiles marques de politesse, l'officier anglais est un compagnon des plus agréables et dont la société acquiert un charme particulier pour celui qui le connaît plus intimement. Lorsqu'il est convenu que vous êtes son hôte, il vous offre une fois pour toutes une cordiale hospitalité dont vous pouvez user à loisir; débrouillez-vous, faites comme chez vous; c'est chose convenue, on ne vous le dit pas deux fois. En route, dans la brousse, sur le fleuve, dans les rapides, aux passages dangereux, nous avons pu juger de sa présence d'esprit et de son sang-froid. Dans les régiments, chacun sollicite de prendre part aux colonnes et tous les élus s'y conduisent avec une bravoure indiscutable; cherchant à se distinguer par un acte de « gallantry ». La camaraderie réside sous le couvert des bonnes manières et des procédés courtois dont chacun paraît user envers ses collègues. A table (les officiers du même régiment quelque soit leur grade prennent leurs repas ensemble), on cause doucement par petits groupes. Le colonel, les officiers supérieurs deviennent M. X., les lieutenants s'appellent par leurs noms et communiquent parfois de même avec les capitaines amis.

Lorsqu'on invite à dîner le « quarter master », officier de casernement sortant du rang et dont l'éducation après un long contact avec les troupes est quelque peu différente, on se garderait bien de laisser paraître la moindre distance entre les situations respectives. Il paraît même qu'un soir d'été (et je répéte ici ce qui me paraît être une légende, ou plutôt une histoire traditionnelle), au moment où on venait de servir le potage, le quarter-master à qui l'on présentait de la glace, chose à laquelle il n'était pas accoutumé, la mit dans son bouillon pensant que c'était pour le refroidir.

Vint ensuite le tour du colonel qui, pour éviter de donner une leçon à son inférieur, prit flegmatiquement un glaçon et le mit dans son assiette. Toute la table en fit autant. Si ce n'est vrai, c'est bien anglais tout de même.

L'officier britannique désigné pour servir aux Nigerias ne s'embarque pas avec des bagages encombrants, trois ou quatre cantines lui suffisent, mais il emporte toujours son polo-stick, ses raquettes de tennis, puis, aussitôt arrivé dans le poste, se met en quête d'une monture pour conserver sa performance de sportsman.

Mais, il y a dans toute chose, même excellente, un inconvénient et parfois un défaut; l'officier anglais néglige absolument de meubler son cerveau. C'est un homme qui termine ses études à la porte de l'école militaire, il vit ensuite avec ce maigre bagage scientifique et littéraire. Il lit peu ou prou, écrit encore moins, dessine rarement, photographie presque toujours mal, topographie en dépit du bon sens; quant à faire le point, à rédiger des rapports il n'y faut pas songer et les exceptions confirment cette règle. Il en résulte que les grades locaux dont nous avons parlé précédemment, permettent à l'autorité dirigeante de s'approprier les capacités et les intelligences des sujets qui se distinguent de la majorité.

Les postes où séjournent les officiers anglais témoignent du peu d'efforts personnels dépensés à l'amélioration de ces résidences. Alors que nous trouvons à Gaya, le premier poste français, voisin de la frontière anglaise sur le Niger, des campements ingénieux à proximité de beaux jardins, le poste d'Ilo, qui se trouve à 60 kilomètres en aval de l'autre côté de la frontière, n'a pas subi la moindre modification depuis l'occupation française, et l'on n'y trouve aucune ressource; il en est de même partout et cela nous fit ressortir la différence entre les deux races : le Français, qui s'embarque avec des vivres et des bagages volumineux, qui, sitôt arrivé, retourne la terre pour y tracer un jardin, s'entourant de tout le confortable nécessaire au véritable colon; l'officier anglais débouclant ses raquettes et ne sortant de sa case que pour le service ou les sports.

Solde des officiers. — Nous ne connaissons pas le traitement appliqué à chaque grade, mais dans les Nigerias un lieutenant reçoit par mois 850 francs de solde et 150 francs d'indemnités; un capitaine 1.050 francs de solde et 200 francs d'indemnités de séjour, le gouverneur ou haut commissaire reçoit par an 75.000 francs.

Les cadres des W. A. F. F. — Les cadres des troupes du West-Afrik sont des *(no-commissionned)* ou sergents, presque tous anciens et vieux serviteurs qui proviennent, soit directement de l'armée anglaise, soit des anciens cadres de la Niger Company, lorsque celle-ci occupait les territoires du Bas-Niger. Il y a généralement un ou deux sergents par compagnie, ce sont eux qui surveillent les exercices sous la haute direction des officiers ; de plus, ils remplissent, dans les détachements dont ils font partie, les fonctions de magasinier et de fourrier. Ce sont généralement de très braves gens, mais très primitifs et que l'on tient à distance quoique cependant, ainsi que nous l'avons dit, ceux qui sont nommés sous-lieutenants deviennent des camarades que l'on entoure de tous les égards possibles. Le gouvernement les loge et les meuble d'une manière très confortable, avec le même luxe que les officiers, de plus, ils reçoivent des soldes très élevées variant de 6 à 8 francs par jour.

Les sergents rengagent jusqu'à concurrence de 25 années de services, puis jouissent d'une retraite des plus honorables.

Les troupes. — Nous venons de voir très rapidement que les officiers et les sous-officiers des W. A. F. F. sont en réalité des militaires capables de faire campagne et de tenir la brousse au Soudan; il n'en est pas ainsi pour les troupes indigènes, dont les éléments sont trop disparates et recrutés parmi des races trop molles et trop apathiques pour former des unités très résistantes. Les bataillons de aoussas anglais sont ainsi improprement dénommés, l'élément aoussa d'un bataillon se compose d'environ 100 à 120 indigènes de cette race guerrière. Les W. A. F. F. comprennent surtout des Noupés, des Yorubas, des Sobos et quelques rares Sénégalais, qui désertent nos régiments, que les Anglais s'empressent d'enrôler et qui deviennent très rapidement les plus hauts gradés indigènes des troupes britanniques. Pour les Anglais, il n'est pas de troupes supérieures aux « senegalees », qu'ils considèrent comme des militaires de la plus haute valeur en Afrique.

Le Aoussa est un homme trapu, aux attaches énormes, aux bras musclés, à la face large, au front bas, aux yeux obliques, et dont l'aspect féroce et bestial est des plus caractéristiques. Cet indigène est assez brave au feu, il est très bon marcheur et c'est un soldat résistant. Chez lui, le Aoussa cultive, tisse des étoffes, travaille des pierres précieuses et des métaux, vient vendre ses produits dans la vallée du Niger et quelquefois même jusqu'au Dahomey, jusqu'au Yoruba; là, il échange ses produits contre des kolas, qu'il revend à des prix exorbitants à ses congénères, il en retire un bénéfice appréciable qui lui permet d'élever son trafic.

En somme, le Aoussa, s'il a beaucoup de vices et de défauts (ivrognerie, bestialité, fourberie), possède des qualités permettant de tirer parti de ce contingent.

Le Noupé se trouve déjà très inférieur au précédent, c'est une race mélangée qui tient à la fois du Aoussa et du Yoruba, sa force physique est moins apparente; il est paresseux, timide et craintif; le croisement noupé qui possède le plus de sang peul ou aoussa, paraît plus intelligent que l'autre, où se manifestent le type et le caractère Yoruba. Cette race présente des anomalies très diverses; d'ailleurs, il existe une différence considérable, entre le Noupé de la brousse et celui du Niger. Ce dernier est croisé de Kambari (race venue du Kanem) et de Bariba: c'est un piroguier très brave et très courageux, qui se confine sur les bords du fleuve et ne s'engage pas dans les troupes anglaises. Quant au Yoruba, c'est une demi-brute, un être lâche et incapable de la moindre énergie; l'alcoolisme a déjà fait chez lui des ravages énormes que les Anglais essaient d'enrayer. Dans les colonnes, le Yoruba provoque généralement le désordre; au combat, c'est lui qui donne le signal de la déroute, et, pour le conduire au feu, il faut l'encadrer et le pousser en avant en plaçant derrière lui des blancs ou des Sénégalais qui l'empêchent de fuir.

En somme, à part quelques Sénégalais et 100 ou 120 Aoussas, le bataillon de 900 à 1 000 hommes ne comprend que des troupes de faible résistance et des éléments très disparates, plus défectueux encore que les précédents. Ces troupes ont bel aspect à la parade, elles manœuvrent même correctement, sur les places d'armes, mais, en vérité, ce ne sont pas des unités de combat que rien ne peut arrêter ou décourager, et la lenteur des opérations récentes vers la Cross-River montre que le succès est dû principalement à la bravoure des officiers, des cadres et de quelques tirailleurs aoussas ou sénégalais, qui font partie des effectifs. Il est certain que si les Anglais eussent pu compter sur leur W. A. F. F., les officiers de Chengakouey et d'Ilo n'auraient pas subi les revers et les déceptions que leur ont infligés les émirs d'Argoungou et de Sokoto. Ces territoires vont être, d'ici peu, sillonnés par les troupes britanniques, mais celles-ci ont prudemment et sagement attendu la formation des commissions de délimitation et surtout l'arrivée de nos Bambaras, lesquels passeront victorieusement partout, précédés de leur habituelle renommée de vaillance et d'invincibilité. Et, par le plus grand des hasards, la Grande-Bretagne profitera de ces conditions et viendra, peu de temps après leur passage, s'avancer en conquérante, sur des territoires qui, sans nous, fussent restées difficilement pénétrables pour elle.

Solde des tirailleurs. — Nous avons parlé des mensualités considérables que touchent les officiers des Nigerias. Les tirailleurs sont assez bien payés, ils touchent chaque jour six pence (62,5 centimes) et reçoivent une indemnité fixe de un shilling pour leur nourriture journalière. Seulement, c'est le chef d'unité ou de détachement qui perçoit cette indemnité au compte de l'intéressé, avec charge de le nourrir et de reverser l'excédent à la masse. Il en résulte que le tirailleur indigène voit chaque mois son avoir augmenter considé-

rablement avec la perspective d'une somme assez ronde
au terme de son engagement.

Les tirailleurs s'engagent pour cinq ans, ils ne touchent pas de prime, mais la masse précitée les en dé-
dommage largement, elle a de plus l'avantage de limi-
ter les désertions; ils ne deviennent jamais officiers;
seuls, des grades, des chevrons dorés, des écharpes et
des décorations aussi nombreuses que bizarres les dé-
dommagent et leur font prendre patience.

Armement. — L'armement des W. A. F. F., se compose du fusil Lee-Metford à baïonnette. Les officiers
ont le revolver allemand à magasin et à répétition.
Les canons de campagne sont de petites pièces (genre
montagne) système Nordenfeldt; de plus, chaque compagnie indépendante ou détachée dispose de deux mitrailleuses Maxim auxquelles sont affectées des équipes
spéciales. En cours de route, ces mitrailleuses démon-
tées nécessitent un porteur pour la pièce et un pour
l'affût, en plus de cela un porteur est affecté à chaque
caisse de munitions.

Habillement. Officiers. — L'habillement des officiers
anglais, en Afrique, est absolument différent du nôtre,
sur lequel il présente des avantages sérieux. Nous allons
le décrire en quelques mots. L'officier anglais a pour
tenue militaire, qu'il soit de service ou de parade, un
unique vêtement en khaki composé d'une blouse et
d'une culotte. La blouse est ample et forme, dans le
dos, deux plis cachés sous le col et soigneusement rec-
tifiés, une ceinture en khaki, un col rabattu, un seul
rang de boutons. L'étoffe est d'une qualité exception-
nelle; épaisse, fraiche, d'un teint qui ne change pas,
les boutons sont en corne jaune, le grade est indiqué
par des étoiles sur les pattes d'épaule, le vêtement comprend quatre poches. La culotte est en khaki également-
ment. En hiver, la tenue est la même, mais au lieu de

toile c'est un lainage de même couleur, identique comme forme et comme ampleur. Les officiers portent des souliers ou brodequins avec jambières ou leggins à lanière de cuir. Le casque est en sureau recouvert d'une matelassure en khaki piquée, il présente sur la nuque un fort élargissement, et protège bien les tempes. Le système d'aération se fait par la couronne qui pose sur la tête et qu'un zig-zag métallique très léger tient écarté de la chevelure. Pendant les pluies, on adapte sur le casque une couverture en toile gommée. Il n'y a pas de virole mobile sur le sommet du casque. Il est moins commode comme oreiller que le casque français, mais une coiffure coloniale sur laquelle on se couche se casse, s'abime, se crevasse et laisse passer le soleil.

Il ne faut pas s'étonner si le col de la blouse ne met pas le cou à l'abri des rayons solaires, le casque remplit cet office; de plus, après les exercices violents ou dans les marches en plein soleil, l'officier protège sa nuque par un foulard en soie. En résumé, cet uniforme anglais a le double avantage de s'élargir à volonté par la ceinture, de ne pas gêner le cou, d'être toujours très présentable et habillé. En grande tenue de service, l'officier met un casque lourd et gênant en cuir bouilli recouvert de khaki avec une écharpe sur le front de la couleur de son bataillon (Jebba : rouge; Lokodja : vert ; Old-Calabar : bleu ; Lagos : noir ; Freetown : jaune).

Voici pour la tenue de service. En dehors de cet habillement, les officiers anglais ont ce qu'ils appellent le « mess kit » appareil de mess. Avant le mess, on se réunit pour les jeux : croquet, polo, tennis, puis chacun passe à sa toilette et prend le tub (c'est une coutume excellente dont les officiers anglais ne sauraient se départir), puis on endosse le « mess-kit ». Il se compose d'un pantalon et d'un smoking en toile blanche avec pattes d'épaules et grades apposés dessus. Chemise empesée, si les ressources de l'endroit le permettent, ou repassée, ceinture de la couleur du bataillon, bonnet de police avec grade. Les officiers doivent être rasés tous les jours. Cela peut paraître excessif, mais dans ces pays où la chaleur porte à la négligence de soi-même, l'habitude que prend l'Européen de s'occuper de sa personne et de la soigner tous les jours également est une chose excellente pour la santé.

En Angleterre, le « mess-kit » est une toute autre tenue; il est, comme l'uniforme, spécialement dessiné pour chaque régiment : pantalon collant avec bandes d'or, gilet bleu ou blanc avec chemise et haut-col, habit chamarré, brodé et rehaussé des couleurs et des passementeries les plus dispendieuses. Un « mess-kit » d'officier coûte toujours 6 à 700 francs, il atteint et dépasse 1.000 francs dans certains corps, et la tenue peut atteindre encore des sommes plus considérables (3.000 francs).

L'officier anglais des W. A. F. F. arrive toujours avec peu de bagages, mais en revanche il est escorté de plusieurs étuis renfermant de superbes fusils de chasse et des carabines; d'un filtre à bougie qui se compose de deux tubes cylindriques nickelés réunis par une tubulure; l'un est un corps de pompe, l'autre un cylindre qui renferme une bougie en porcelaine à travers laquelle passe l'eau à filtrer, de dehors en dedans, c'est le domestique qui porte le filtre (berg-feld-filter).

Troupe. — Les tirailleurs des W. A. F. F. sont habillés en khaki comme les officiers : blouse à col rabattu sans ceinture, pantalon large serré au genou, jambières en bandes de laine, sandales en cuir à pattelettes, chéchia. Pour la parade, on ajoute à cet uniforme des écharpes de la couleur du bataillon avec des vestes courtes et rondes, sans manches, d'un rouge criard et ornementées de ganses jaunes du plus disgracieux effet. Les tirailleurs ainsi affublés ressemblent à de véritables singes grimpés sur un orgue de Barbarie. La troupe porte un bissac, les cartouchières en toile ont été remplacées par une banderole à cartouches, de plus une couverture roulée placée en sautoir sur l'épaule droite complète l'équipement. Chaque indigène touche une tenue khaki complète par trimestre, une veste rouge par an. En tenant compte de la solde et des indemnités, cela donne idée de ce que coûte l'entretien de ces bataillons.

Ravitaillement. — Le gouvernement britannique ne ravitaille pas ses officiers ou sergents européens; mais, nous l'avons dit, chacun reçoit une solde très forte et des indemnités considérables; de plus, le gouverneur fait publier dans chaque district la mercuriale des denrées qui s'y trafiquent. A Yelloua, ces prix sont les suivants : un bœuf trois livres, un mouton quatre ou cinq couronnes, le mil, le riz sont également évalués en monnaie anglaise. D'autre part, il existe aux Nigerias des « government-canteen ». C'est là que sont transportées toutes les conserves, tous les spiritueux et toutes les denrées alimentaires possibles achetées par le gouvernement de Sa Majesté et mises en stocks dans de grands magasins. Un tarif très net est affiché et mis à la portée de tous.

Les officiers qui vivent dans le poste où se trouve le « government-canteen » achètent sur bons qu'ils règlent en fin de mois. Si l'un d'eux reçoit une mutation pour un poste éloigné, il fait des achats sur place et les embarque sur des pirogues ou les fait prendre à ses frais par des porteurs.

Cela pourrait revenir aussi cher qu'aux colonies françaises, si l'Etat britannique créait des « canteen » de tous côtés: il en existe trois seulement dans la Nigeria septentrionale : une à Jebba, la capitale; une à Yelloua (très rudimentaire), croisement des routes du Aoussa,

du Borgou ou du Bas-Niger ; une à Yola, terminus des
routes du Bornou. Ce système présente l'avantage suivant : un Européen appelé à de nombreux change-
ments n'emporte pas de nombreuses caisses, mais le
strict nécessaire à sa consommation de quelques mois,
s'il se déplace à nouveau, il envoie chercher des vivres
à la « canteen » ou bien en reprend de fraîches, lorsqu'il retourne à proximité de ces magasins ; de plus, le
sous-officier (et ce serait chez nous le cas du soldat
pauvre qui réalise quelques économies) peut de temps
à autre, lorsqu'il est malade ou fatigué, se procurer
quelques conserves ou aliments fins. Les Anglais consomment du whisky, alcool à 65°, qui, mélangé avec
cinq ou six fois son volume d'eau, donne la même consommation d'alcool qu'une quantité six fois plus forte
de vin. En sorte qu'avec une caisse de whisky l'Européen peut et doit obtenir les mêmes résultats qu'avec
six caisses de vin (s'il n'est pas alcoolique). Enfin,
lorsqu'un détachement se met en route, les Européens
ne traînent pas à leur suite de longues théories de porteurs.

Au Dahomey, nous avons eu des détachements de
trente Européens, qui rejoignaient le Niger, traînant
à leur suite jusqu'à 500 porteurs. Il est certain que,
si, il y eut eu à Say ou à Sorbo, une « government
canteen » approvisionnée par le fleuve une fois par an,
ce détachement n'avait à prendre que ses bagages et
des vivres pour un mois et demi. Les Anglais ont très
bien compris que le portage est d'un effet désastreux
dans les régions traversées par les colonnes de relève,
aussi l'évitent-ils de toutes leurs forces pour que la
population ne s'enfuie pas et reste auprès de ses cultures. L'Anglais vit sur le pays lorsqu'il le peut, il consomme à peine 250 grammes de farine par jour et se
nourrit beaucoup de purée d'ignames ou de patates

douces, de riz qu'il accommode de toutes les façons possibles avec de la viande ou des volailles.

Le système des « government canteen » appliqué au Soudan ne saurait être possible pour l'Etat à moins que le chemin de fer de Kayes au Niger soit terminé et que, de plus, l'emballage du matériel soit mieux soigné qu'il ne l'est actuellement pour nos ravitaillements. On économise beaucoup, par exemple, en mettant 24 kilogs de farine dans une seule caisse, c'est vrai; il est évident que six caissettes soudées de 4 kilogs (système anglais) coûteraient beaucoup plus, comme frais d'emballage; mais, il faut observer qu'une caisse de 24 kilogs dessoudée en route est perdue totalement (et cela se produit fréquemment); de plus, dans un poste où vit seulement un Européen, une caisse aussi volumineuse doit durer 45 jours, laps de temps pendant lequel elle a le temps de moisir ou d'être charançonnée. Si l'on ajoute au prix de la farine celui de l'emballage et celui du transport qui est souvent cinq ou six fois plus fort, on se rend compte de l'économie réalisée par les « government canteen » et par leurs abonnés.

Indépendamment de cela la « canteen » est réapprovisionnée deux fois par an, il est donc évident que ses fournitures sont presque toujours fraîches, tandis que les Européens en service au Soudan français emportent souvent 18 mois de vivres d'un seul bloc et ne consomment plus au bout d'un certain temps que des aliments dont les conditions hygiéniques vont sans cesse en s'amoindrissant.

Il est évident qu'une fois le chemin de fer de Kayes au Niger terminé, l'Etat rendrait un grand service à nos officiers, en créant des « government canteen » à Kayes, Bamako-Koubkoro, Segou, Kabara, Sorbo, etc., d'autre part, il ferait, de plus, des économies considérables sur les frais de portage et mettrait ainsi, à portée des petits et des humbles, des aliments capables de régénérer ou de reposer l'estomac en cas de besoin ou de maladie.

Politique anglaise et occupation militaire. — **En** réalité, l'occupation anglaise des Nigerias a fait des progrès considérables, mais elle marche, par calcul, à pas lents. L'indigène ne paie pas encore l'impôt, dans certains centres il s'y est refusé demandant à l'autorité locale de ne pas trop approcher ses postes de centres importants. Au sud de Jebba, les Noupés fournissent quelques corvées, mais non sans se faire tirer l'oreille, et répondent aux réquisitions en se sauvant dans la brousse. Les Anglais ont fait acte d'occupation à distance, la mauvaise qualité et le faible effectif de leurs troupes ne permettent pas de tenter un coup de force vers les centres populeux qui résistent de tous côtés; chaque année les W. A. F. F. manifestent de l'énergie sur une région différente, mais l'occupation du pays marche d'une façon très lente, et, pour les raisons que je viens d'indiquer, on ne tente pas une opération militaire d'un côté, sans savoir si elle peut être appuyée, car le pays se soulève chaque fois qu'on le dégarnit de ses troupes.

L'attention est actuellement portée sur le Bornou vers Kano et vers le Tchad; il y a là des populations arabes, peules, aoussas et des nomades touaregs capables de faire grande résistance. La ville de Kano aurait, dit-on, 200.000 habitants; le sultan est armé et entouré de troupes nombreuses et guerrières, s'élevant, paraît-il, à 10.000 cavaliers et 6.000 fantassins, dont 2.000 armés de fusils; il faudrait pour le mettre à la raison des effectifs considérables, au moins deux bataillons et de l'artillerie. Pour amener ce contingent devant Kano, il faut dégarnir Yelloua et Ilo, c'est-à-dire laisser les coudées franches aux sultans de Sokoto, d'Argoungou et de Kantagora, toujours prêts à se soulever; aux rois de Boussa, de Oua-Oua et de Yashikera très peu soumis étant donné que tout le territoire compris entre le Niger et la Bénoué est d'origine consanguine au pays aoussa; ou bien faire face de tous côtés à la fois. La question serait grave pour les Anglais, si tous ces renseignements étaient exacts, mais j'en doute fermement. L'émir de Kano est prêt à la résistance, mais ses sujets, peuls en majorité, sont des commerçants et des cultivateurs avant tout, ils s'opposeront à des luttes capables d'entraîner la ruine et la dévastation de ce grand marché. Les Anglais trouveront donc devant eux un sultan soutenu par quelques fidèles, prêt à se rallier à son ami du Sokoto et à le rejoindre. Les remparts de Kano sont minés depuis longtemps, la place est investie, mais ce serait méconnaître la politique anglaise, en Afrique, de croire un instant que ces travaux d'approche ont un caractère militaire. La place de Kano est investie depuis quelques années par des commerçants qui l'ont bombardée avec des pièces d'étoffe et des produits d'échange, créant ainsi et développant sans mesure un esprit commercial sans cesse grandissant.

Les sultans sont des marchands de chair humaine, l'invasion blanche va les ruiner, et ils sont prêts à la résistance, mais leurs sujets aoussas et foulbés sont des travailleurs, gagne-petit et grands négociants, qui préféreront la soumission immédiate à la guerre destructive et ruineuse. Je crois aussi peu aux dix mille cavaliers du sultan de Kano qu'aux 2.000 hommes de troupes anglaises réunis devant cette ville. Je suis certain que les populations guerrières du Bornou mettraient sans difficulté les W. A. F. F. à la raison; mais elles ont reconnu, depuis que les fils d'Albion font le siège commercial de ces territoires, que leur intérêt le plus strict est de se rapprocher de cette race blanche qui possède une affinité considérable pour le peul et ses collatéraux. L'opération militaire sur Kano était nécessaire, car une grande puissance comme l'Angleterre doit prouver qu'elle est capable, tout en faisant tinter des piastres, de faire parler la poudre. Il n'en est pas ainsi sur les bords du Niger où l'indigène, une demi-brute, n'a pas encore saisi les avantages de la civilisation. Aussi les révoltes sont-elles fréquentes à l'heure actuelle dans le pays yoruba. Les hauts commissaires ont le souci de l'indigène au plus haut point, ils lui sont très favorables et font tout ce qu'ils peuvent pour empêcher l'inutile effusion du sang en essayant les négociations et les influences pacifiques; et c'est un hommage à rendre à Sir F. Lugard ainsi qu'à M. Wallace, qui mettent au service de la civilisation tous leurs efforts pour donner l'exemple du calme à tous leurs subordonnés. D'ailleurs, les Anglais ont en Afrique un auxiliaire précieux pour asseoir leur influence chez les noirs : c'est le Peul, et, d'ailleurs, il n'est pas de race en Afrique capable de montrer plus de sympathie envers eux, et qui de toutes façons s'assimile mieux à celle des fils d'Albion. Le Peul est un individu rusé, cupide, insinuant, dominateur, patient, intéressé, apte aux affaires, capable d'exercer son influence au plus haut point sur le Noir. Il s'installe comme berger dans un village et devient progressivement chef de tous les troupeaux, marabout, conseiller du chef, puis chef à son tour. Il croise avec le Noir et produit des enfants Toucouleurs de toute beauté; ce sont les descendants à qui, plus tard, il confie sa succession. Les Anglais l'ont bien compris: ils ont attiré le Peul vers le Bas-Niger et l'ont progressivement placé à la tête des grands centres en lui donnant des attributions conformes à leurs desseins. Avec le Peul viennent le marabout et l'Islam, l'alcoolisme et le fétichisme disparaissent, l'indigène se transforme en un être moins brut et s'améliore.

En résumé, la politique britannique en Afrique a essayé de soumettre des zones considérables qu'elle a transformées en commandements de cercles et qui s'étendent sur le parallèle de Lokodija jusqu'à Yola, comme une bande horizontale pacifiée.

La bande horizontale supérieure a simplement son premier cercle à Jebba, elle cherche à s'étendre jusqu'au Tchad en passant par Kano; il faut qu'elle soit conquise pour que l'on procède à celle qui comprend le Sokoto (1). Sur le Niger, il reste encore beaucoup à faire et toute cette pacification semble bien plutôt écrite dans des rapports et sur des cartes qu'elle n'existe réellement.

D'après des renseignements qui sont parvenus depuis peu, les forces britanniques du West Afrik auraient été considérablement augmentées; il faut se garder de prendre à la lettre des indications qui peuvent cacher l'exacte vérité. Il est très possible que les effectifs se soient accrus dans des proportions respectables en un point, pour se dégarnir ailleurs, car, si l'on considère que l'élément aoussa, le seul réellement guerrier de toutes ces tribus, est d'un enrôlement plutôt difficultueux. les West African Frontière Force se composeront toujours de lâches Yorubas et de timides Youpès. Ce n'est pas avec ces noirs que les Anglais pouvaient pacifier les Nigerias; ils ont sagement attendu l'arrivée de nos contingents sénégalais, qui, opérant au nord de leur frontière vont effrayer l'ennemi pris entre deux feux.

---

(1) D'après une carte politique que j'ai pu voir pendant quelques secondes à Jebba chez le général Lugard.

Nos sénégalais, cela ne fait doute pour personne même pour les Anglais, jouissent dans le Centre Afrik d'une réputation de vaillance que la mort de Rabah et celle de Fadel-Allah n'ont fait que grandir aux yeux des sultans noirs du Sokoto et du pays aoussa; je dirai même que notre flottille, qui comptait 62 sénégalais, était fort respectée des brutes riveraines des rapides et que le roi de Oua-Oua fit quatre journées de marche pour me rendre visite au village d'Ourou craignant, ainsi que la renommée aux cent bouches le lui fit supposer, qu'une colonne française vint le détrôner et remettre en place son devancier Kantama.

Si les exemples peuvent appuyer nos assertions, le fait suivant peut associer le lecteur à nos pensées :

En 1900, vers le 15 septembre, quatre fortes colonnes de Aoussas révoltés, se rendirent vers le Niger. La première brûla Kantagora, la seconde pilla le village d'Ourou, la troisième se dirigea sur Jebba et la quatrième tenta d'enlever le poste anglais de Badjibo. A cette nouvelle, le quartier-maître de la marine Noumou Kounda que Toutée avait chargé, avec onze laptots, de la garde de l'enclave, prit ses fusils, passa le fleuve en pirogue, organisa le village en quelques heures et rassura les habitants effrayés par la perspective d'être vendus sur les marchés de chair humaine.

La colonne aoussa prit contact avec les populations voisines et sur l'avis d'un fuyard, que Badjibo se trouvait défendu par des tirailleurs français, se dirigea vers le Sud, pilla et brûla d'autres villages.

Nos troupes noires jouissent donc en Afrique, d'une réputation universelle et très légitime de bravoure et d'invincibilité. Les sultans de la Nigeria septentrionale connaissent nos tirailleurs tout aussi bien qu'ils apprécient les « ouaff » à leur juste valeur, et s'ils s'inclinent un jour devant le « péril blanc » qui les encercle, ce ne sera pas sans y être contraints par leurs sujets. Les races peule et aoussa essentiellement commerçantes et productrices, que la guerre peut ruiner, tiennent avant tout à la paix territoriale, à la circulation libre entre les grands marchés du Noupé et du Bornou, car ce sont-là, pour elles, les garanties exclusives de leur trafic et de leur prospérité.

20 janvier 1903.

FIN.

TABLE DES MATIÈRES

Paris et Limoges. — Imp. milit. Henri Charles-Lavauzelle.

Librairie militaire Henri CHARLES-LAVAUZELLE
Paris et Limoges.

Armes portatives françaises et étrangères, par le capitaine Bataille : **France** (fusil mod. 1886 M. 93) ; **Allemagne** (fusil mod. 1888) ; **Autriche** (fusil mod. 1895) ; **Russie** (fusil mod. 1891. Chaque puissance fait l'objet d'un fascicule in-plano, tiré en deux couleurs, avec gravures dans le texte et une planche hors texte en dix couleurs. Prix du fascicule. 5 »

Guide pratique des exercices de combat et de service en campagne (2ᵉ édition). — Volume in-32 de 92 pages avec 10 croquis, cart....... » 75

Service en campagne d'une compagnie d'infanterie, par le capitaine Boschet, avec 27 croquis, cartes ou plans. — Vol. in-8º de 240 p.. 4 »

La compagnie isolée en marche et en station, avec trois croquis, par F. B. — Brochure in-8º... » 50

Des éclaireurs de montagne, par H. Dunod, lieutenant de chasseurs alpins. — Brochure in-8º.. 1 50

Agenda de mobilisation. Infanterie (2ᵉ édition). Volume in-18 de 128 pages, relié pleine toile.. 2 »

Guide pratique pour la guerre en Afrique, à l'usage des officiers et des sous-officiers, par le lieutenant-colonel A. Dumont, ex-officier des affaires indigènes (8ᵉ édition). — Brochure in-18 .... 1 25

Formations et manœuvres de l'infanterie en campagne, par le capitaine breveté G. Lévy. — Volume in-8 de 92 pages avec croquis dans le texte... 2 »

Essai historique sur la tactique d'infanterie depuis l'organisation des armées permanentes jusqu'à nos jours, par le commandant Gérôme, breveté d'état-major, ancien professeur adjoint d'art et d'histoire militaire à l'Ecole spéciale de Saint-Cyr. — Volume in-8º de 272 pages, avec 70 croquis... 5 »

Historique de la tactique de l'infanterie française, par V. Veynante chef de bataillon breveté au 42ᵉ d'infanterie, 10 croquis. — Vol. in-8º de 120 pages... 2 50

Cartes étrangères. Notions et signes conventionnels, par le capitaine Espérandieu, professeur de topographie et de géographie à l'Ecole militaire d'infanterie — Volume in-8º de 140 pages................... 4 »

Français et Allemands, étude démographique et militaire des populations actuelles de la France et de l'Allemagne, **l'Alliance franco-russe et l'Allemagne,** par le Dʳ J. Auboeuf. — Volume in-8º de 122 pages.. 2 »

Causerie sur le cheval, conférences faites aux cavaliers du 21ᵉ chasseurs par le lieutenant H. de Rochas d'Aiglun. — Br. in-8º de 78 pages.. 1 50

La stratégie et la tactique allemande au début du vingtième siècle, étude par le général Pierron. — Volume in-8º de 394 pages avec croquis dans le texte... 6 »

Etude sur la tactique de l'infanterie, par V. Veynante, chef de bataillon breveté au 42ᵉ régiment d'infanterie, avec croquis. — Brochure in-8º de 84 pages.. 2 »

Etude sur la tactique de ravitaillement dans les guerres coloniales, par Ned-Noll. — Volume in-8º de 156 pages....................... 2 50

Tactique raisonnée de l'infanterie, par Ch. Deltheil, chef de bataillon au 16ᵉ régiment d'infanterie. — Brochure in-8º de 32 pages......... » 75

Guide pour le chef d'une petite unité d'infanterie opérant la nuit (marches, avant-postes, combat, méthode d'instruction), par le capitaine breveté Niessel. — Vol. in-8º de 100 pages, 6 croquis dans le texte.. 2

Principes fondamentaux et tactique raisonnée du combat de nuit, par le lieutenant-colonel G. Trumelet-Faber, du 20ᵉ d'infanterie. — Brochure in-8º de 96 pages, avec 4 figures dans le texte............. 2 »

9 782329 653860